AF267067

CROIX LUMINEUSE

LA CROIX LUMINEUSE

DEVOIRS DE LA FRANCE

POUR LES MANIFESTATIONS DU SAUVEUR

au IVe et au XVIIe siècles

PAR L'ABBÉ LÉON ROBIN

CORRESPONDANT DU MINISTÈRE DE L'INSTRUCTION PUBLIQUE
POUR LES TRAVAUX HISTORIQUES

TROISIÈME ÉDITION, CORRIGÉE & AUGMENTÉE

Le Seigneur apparut à Abram et il lui dit : Je donnerai ce pays à ta postérité. Abram dressa en ce lieu-là un autel au Seigneur qui lui était apparu. — GENÈSE. XII, 7.

Les eaux du Jourdain se sont séchées devant l'Arche d'alliance du Seigneur, lorsqu'elle passait au travers de ce fleuve ; c'est pourquoi ces pierres ont été mises en ce lieu pour servir aux enfants d'Israël d'un monument éternel. — JOSUÉ, IV, 7.

LONS-LE-SAUNIER

J. MAYET ET Cie, IMPRIMEURS-ÉDITEURS
20, rue Saint-Désiré, 20

1876

LETTRE DE Mgr NOGRET, ÉVÊQUE DE ST-CLAUDE, A L'ABBÉ ROBIN, CURÉ DE DIGNA, PAROISSE DU DIOCÈSE.

Saint-Claude, le 24 juillet 1876.

Mon cher Monsieur le Curé,

J'ai lu avec intérêt, et surtout avec édification, vos deux dernières productions sur les devoirs de la France dans les temps présents.

Je me fais le devoir de vous remercier de ce gracieux envoi.

Elles témoignent l'une et l'autre de votre piété toujours fervente, et de votre louable attachement à notre chère patrie.

Notre salut est en effet dans une plus tendre dévotion au Cœur de Jésus et à la Croix sur laquelle l'amour de son divin Cœur l'a porté à répandre son sang pour nous.

Pourrait-on trop s'appliquer à la propager? Vous, du moins, y apportez votre contingent de zèle, et je vous en félicite.

Recevez, cher Monsieur, l'assurance de mes affectueux sentiments.

† LOUIS-ANNE,

Ev. de St-Claude.

AVANT-PROPOS

Un des faits les plus mémorables de l'histoire du monde a été, sans contredit, l'apparition de cette croix lumineuse qui détermina la conversion de Constantin et lui assura la victoire sur le tyran Maxence. Les résultats en furent immenses. Par ce miracle le christianisme triomphait définitivement dans l'empire. Les dieux de la vieille Rome se retiraient devant le Christ vainqueur, et Celui à qui toutes les nations ont été données pour son héritage, allait régner sur elles : *regnavit à ligno Deus*.

Ce fait merveilleux était entré trop avant dans la mémoire des générations, pour que les annales de l'Eglise ne s'en transmissent pas un récit circonstancié. Toutefois elles n'ont rien d'explicite sur le lieu, théâtre de l'apparition divine. Sont-ce les Gaules, où se trouvait Constantin quand il résolut de marcher contre Maxence, qui furent favorisées de l'apparition lumineuse : ou bien Constantin eut-il cette vision sous les murs mêmes de Rome, à la veille de livrer bataille ? Ni Eusèbe, ni Lactance, de qui nous tenons le récit des merveilles arrivées en cette occasion, ne nous transmettent rien de précis sur cet endroit.

Mais, à défaut de témoignages formels, nous avons les inductions légitimes qu'on peut tirer de leur récit et du panégyrique de Constantin par Nazarius. Il nous a semblé qu'en les rapprochant de certaines traditions locales, confirmées par l'étude des lieux et par celle des plus antiques monuments, il n'était pas impossible d'arriver à une solution qui permît de revendiquer, pour notre vieille terre des Gaules, la gloire d'avoir été le théâtre d'un si éclatant prodige. L'honneur qui lui en reviendrait, s'il ne saurait nous faire relâcher des sévérités d'une saine critique, est bien capable d'exciter le zèle de tous ceux que passionnent les questions historiques et qui s'intéressent, comme ils le doivent, au passé de leur pays. Puisse ce modeste travail déterminer quelque érudit chrétien, à reprendre, pour le traiter avec l'autorité de la science, un point si important de l'histoire de l'Eglise, et ajouterons-nous, de notre pays.

C.

CROIX LUMINEUSE

En 306, le fils aîné de l'empereur Constance-Chlore, Constantin, retenu comme ôtage à Nicomédie, voyant sa vie menacée par le César Galérius que Dioclétien venait de proclamer Auguste, il s'échappa et alla rejoindre en toute hâte son père, à Yorck, dans la Grande-Bretagne. Le jeune prince était à peine arrivé que Constance, gravement malade, mourut dans ses bras, rendant grâces au ciel de la présence de son fils aîné. L'armée toute dévouée à Constance, proclama Constantin son successeur au titre d'Auguste ou d'empereur. Cette élection lui donnait le pouvoir souverain sur la Grande-Bretagne, les Gaules et l'Espagne.

Constantin était à peine revêtu de la pourpre impériale qu'il fut obligé de faire la guerre pour défendre ses états ; marcher contre les Francs d'outre-Rhin qui, à la nouvelle de la mort de Constance-Chlore, se jetèrent sur les Gaules. Pendant qu'ils pillaient et saccageaient les provinces frontières du Rhin, l'empereur les enveloppa, fit un grand nombre de prisonniers parmi lesquels deux rois, Ascaric et Ragaise, franchit le Rhin et alla surprendre d'autres bandes de barbares qu'il tailla en pièces. Au bout de cinq ans toutes les provinces qui dépendaient de son empire étaient pacifiées.

Pendant ce temps-là avait été élevé sur le siége épiscopal d'Augustodunum (1) saint Rhétice, patricien encore plus illustre par ses vertus et par ses talents que par le

---

(1) Autun.

privilège de sa naissance le classant cependant dans la première noblesse des Gaules ; son influence, comme celle de tous les saints évêques de ces temps, s'étendait bien au delà des limites de son diocèse.

En l'an 311, après la pacification de ses états, Constantin se rendit à Autun que Constance-Chlore avait relevé de ses ruines (1) : les Bagaudes, dans leur insurrection, l'ayant presque anéanti. A son entrée dans la cité éduenne, l'empereur fit un même accueil aux chrétiens qu'aux payens. Bien que ceux-ci fussent allés à sa rencontre avec les images de leurs dieux, il ne releva pas les ruines des temples : il n'entra pas même dedans. Cette conduite fit le plus sensible plaisir à saint Rhétice qui en remercia le prince, de qui il obtint encore une diminution des taxes du fisc, à raison de la détresse de la cité. Constantin passa plusieurs jours à Autun, où il eut de longs entretiens sur la religion avec le saint évêque. Le prélat l'assura qu'il triompherait facilement de ses ennemis en mettant toute sa confiance dans le Dieu des chrétiens et en l'adorant comme le seul vrai Dieu. Constantin quitta Autun rempli de ces pensées.

Que se passait-il pendant ce temps en Italie ? Constantin, afin d'être à portée de l'apprendre plus promptement, s'était rendu à Arles pendant l'hiver de 311 à 312. Il y reçut des députations du sénat et du peuple romain qui le pressaient d'aller délivrer Rome de la tyrannie de Maxence. Après y avoir bien réfléchi, le jeune prince se décida à tenter l'entreprise. Mais auparavant il se porta d'Arles à Trèves pour mettre en bon ordre les camps qui protégeaient la frontière du Rhin, après quoi il disposa son armée expéditionnaire (2).

___

(1) *Annales de philos.* Tome 27, 183.

(2) « Constantin, après avoir quitté Autun, s'était rendu à Trèves. Là, s'étant

Sous Marc-Aurèle la légion avait été élevée de 6,300 à 6,825 hommes. Au temps de Constance-Chlore, il y en avait trois en Bretagne, quatre dans la Germanie supérieure et quatre dans la Germanie inférieure. Le contingent des troupes auxiliaires était ordinairement à peu près égal à celui des légions. Obligé, avant tout, de ne pas exposer les frontières de ses états aux irruptions des Pictes et des Germains, le jeune empereur ne prit, pour le suivre, que deux légions sur le Rhin, et une légion en Bretagne, environ 20,478 hommes ; plus les auxiliaires espagnoles, Galls et Bretons, sans oublier la cavalerie batave, la meilleure de tout l'empire.

C'est en se dirigeant sur Rome, à la tête de cette armée, que Constantin fut l'objet des faveurs miraculeuses du ciel. Nous allons maintenant les rapporter d'après Eusèbe et Lactance dont nous mettrons le texte en entier sous les yeux du lecteur.

TEXTE D'EUSÈBE.

« Après avoir pacifié la Grande-Bretagne et la Gaule,
» le héros jeta un regard sur l'empire romain, cette vaste
« agglomération de peuples divers rangés sous un même
« sceptre, comme un corps immense régi par une seule
« âme. La capitale du monde lui parut, dans l'oppres-
« sion où elle gémissait, pareille à une captive éplorée,
« qui l'invitait à venir briser ses fers. Cependant il ne
« voulut point prendre l'initiative de sa délivrance. Il
« laissait ce rôle glorieux à ses collègues impériaux plus
« anciens que lui et plus accrédités par leur influence et

« mis à la tête de son armée, il revint avec elle à Châlon où il la fit rafraîchir
« et prit le chemin de l'Italie. L'empereur suivait donc la voie impériale se
« dirigeant vers les Alpes (*P. Boll. Vie de saint Rhétice.* T. v.)

« leur pouvoir (1). Mais nul d'entre eux n'était en mesure
« de tenter une entreprise qui venait d'échouer naguère à
« la honte de Galérius. Constantin résolut donc de sacri-
« fier sa vie pour le bonheur du peuple romain. Réduit à
« ses propres forces, il jura de mourir plutôt que de lais-
« ser Rome aux mains d'un tyran abhorré. Maxence, de
« son côté, n'épargnait rien pour se défendre. A ses cri-
« mes anciens il en ajouta de nouveaux : les forfaits qu'il
« commit alors dépassèrent tout ce qu'on avait jamais vu.
« Sous prétextes d'opérations magiques, il faisait éven-
« trer les femmes enceintes, ou égorger des enfants nou-
« veaux-nés, afin de chercher des oracles plus sûrs dans
« leurs entrailles palpitantes. Tantôt il dépeçait des lions ;
« tantôt il faisait évoquer les démons dans des mystères
« horribles, afin d'apprendre la vérité de leur bouché et
« de conjurer les malheurs qui le menaçaient. Il se flat-
« tait d'enchaîner ainsi la victoire à ses drapeaux. Chaque
« jour des cruautés nouvelles épouvantaient les Romains.
« Je renonce à les décrire parce qu'elles passent toute
« croyance. Qu'il me suffise de noter l'horrible famine
« qui sévit bientôt dans la capitale du monde. Le tyran
« se réjouissait à la vue des milliers de victimes empor-
« tées par le fléau. Il croyait que tant de morts désarme-
« rait la colère des dieux.

« Constantin sentait la nécessité d'un secours plus effi-
« cace que celui de ses soldats pour combattre les pres-
« tiges et les ressources de l'art magique dont le tyran
« s'environnait. Il voulait s'appuyer sur une force plus
« grande encore que celle de son armée : il comprenait
« que Dieu seul donne la victoire. Mais quel Dieu invo-
« quera-t-il ? Ses prédécesseurs avaient placé toute leur
« confiance dans le culte des idoles : ils avaient chargé

____

(1) Licinius et Maximin Daïa.

« de victimes et d'offrandes les autels du polythéisme. On
« les avait vus, après des oracles qui leur permettaient
« le succès et la gloire, n'aboutir qu'à l'infortune, qu'aux
« désastres et à la mort. Ces pensées agitent l'âme du
« héros. Il se rappelait que son père, seul entre tous les
« césars, avait abjuré les traditions idolâtriques pour
« adorer le Dieu unique et suprême. Cette conduite avait
« été récompensée par une prospérité sans nuage, tandis
« que les autres empereurs, livrés à toutes les passions,
« avaient fini déplorablement leur vie, sans laisser à leurs
« descendants une seule des couronnes qu'ils avaient por-
« tées. Il se rappelait les expéditions de Galérius et de
« Sévère contre Maxence. Entreprises toutes deux sous
« les auspices de l'idolâtrie, la première avait échoué hon-
« teusement ; la seconde avait entraîné la mort de son
« chef. A mesure qu'il déroulait ces souvenirs dans sa
« pensée, il arrivait à se convaincre que les dieux de
« l'empire étaient de vains fantômes et leur culte une folle
« superstition. Le Dieu de son père lui semblait le seul
« véritable.

« Il commença dès lors à l'invoquer, le suppliant de se
« manifester à lui et lui tendre une main protectrice au
« milieu de tant de périls et d'angoisses. Telles étaient les
« préoccupations et les prières de l'empereur, quand *un
« prodige surnaturel* vint frapper ses regards. Si le récit
« que je vais faire m'eût été transmis par une autre bou-
« che, il pourrait trouver des auditeurs incrédules. Mais
« je le tiens de l'auguste et victorieux prince lui-même.
« Bien des années après, quand j'eus l'honneur d'être
« admis dans son intimité, il me raconta le fait et m'en
« attesta plusieurs fois par serment l'authenticité. C'est
« sa narration que je vais reproduire, et bien téméraire
« serait celui qui oserait s'inscrire en faux contre un
« pareil témoin, au sujet d'un prodige que les événe-

« ments survenus depuis ont d'ailleurs suffisamment con-
« firmé.

« Constantin m'affirma donc qu'*un après-midi*, quand
« le soleil s'inclinait déjà sur l'horizon, il aperçut dans les
« airs, au-dessus de l'astre rayonnant, une croix lumi-
« neuse. *Je l'ai vu de mes propres yeux*, disait-il, et je
« l'atteste. Une inscription se lisait distinctement sur la
« croix et portait ces mots εν τουτω νίκα (1). *Tous ceux qui*
» *accompagnaient l'empereur virent comme lui l'appari-*
« *tion* (2). Je ne me souviens plus du lieu où se trou-
« vait alors l'armée, mais *elle fut témoin du prodige*, et
« l'étonnement fut au comble. Le prince lui-même ne
« faisait pas de difficulté de l'avouer : il resta longtemps
« à chercher la signification d'un événement si extraor-
« dinaire.

« Il était encore plongé dans ses réflexions quand la
« nuit vint le surprendre. Durant son sommeil, le Christ
« Fils de Dieu, lui apparut avec *le même signe* qu'il avait
« vu resplendir dans les airs, et lui ordonna de *faire re-*
« *produire cette image sur les drapeaux* comme un gage
« certain de victoire. Constantin, à son réveil, fit part à
« ses confidents de ce qui venait de se passer. Des orfè-
« vres furent appelés et l'empereur leur décrivit l'image
« qui s'était produite à ses regards. Ils en exécutèrent un
« modèle enrichi d'or et de diamants qui fut adopté.

« J'ai vu maintes fois ce symbole produit sur les en-
« seignes des légions. C'était une haste allongée, revêtue
« d'or et munie d'une antenne transversale à l'instar de
« la croix. Au sommet de la haste était fixée une cou-
« ronne d'or et de pierreries. Au centre de la couronne
« était le monogramme du Sauveur ☧ c'est-à-dire les

---

(1) *In hoc vinces*, sois vainqueur par ce signe.
(2) Voir les paroles de saint Artémius à Julien l'apostat.

« deux premières lettres grecques du nom du Christ, le X
« et le P, groupées en un seul chiffre. L'empereur porta
« toujours depuis ce monogramme gravé sur son casque.
« Or, à l'antenne, obliquement traversée par la haste,
« était suspendu, en guise de voile UN TISSUS DE POURPRE
« enrichi de pierre précieuses artistement combinées entre
« elles, et qui éblouissaient les yeux par leur éclat. Ce
« voile était un carré parfait. A sa partie supérieure était
« représenté, en fine broderie, le buste de l'empereur et
« celui de ses enfants. Tel était ce symbole sacré dont le
« héros se servit toujours depuis comme d'un signe pro-
« tecteur et divin contre ses ennemis. Il faisait porter par
« ses légions un étendard dessiné sur ce modèle. Mais je
« reviens à mon sujet.

« Constantin, sous le charme de la vision céleste qui
« lui était apparue, ne voulut plus adorer d'autre Dieu
« que Celui qui venait de se révéler si miraculeusement à
« son âme. Il manda des prêtres de J.-C. (1), et se fit
« instruire par eux des mystère de notre foi. Quel est ce
« Dieu qui s'est ainsi manifesté à mes regards ? leur dit-
« il : Que me présage le symbole qu'il a *deux fois* mani-
« festé sous mes yeux ? Ils lui répondirent que le signe
« de la croix était le symbole de l'immortalité, le trophée
« de la victoire remportée sur la mort, lui en développè-
« rent les motifs et l'instruisirent du mystère sublime de
« l'Incarnation.

« Le prince écoutait avidement leurs paroles ; la pro-
« tection visible de ce Dieu qui lui était prêché remplis-
« sait son âme d'émotion et de foi. La conformité de l'en-
« seignement sacerdotal avec le sens de l'apparition cé-
« leste, lui démontrait la vérité de notre religion. Dieu

---

(1) Chalon n'avait pas encore de siége épiscopal : Donatien en fut le premier évêque l'an 364.

« lui-même parlait : il fut docile à sa voix. Dès lors il s'ap-
« pliqua sans relâche à la lecture et à la méditation des
« livres saints. Sous la direction des ministres de J.-C.,
« il commença à adorer le seul Dieu véritable. Dans ces
« sentiments, qui remplissaient son âme d'une généreuse
« espérance, il poursuivit son expédition contre le tyran
« de Rome (1).

TEXTE DE LACTANCE

« La guerre civile commença. Maxence se tenait ren-
« fermé à Rome, parce qu'un oracle lui avait prédit une
« mort fatale s'il se hasardait à franchir les portes de la
« ville. Ses lieutenants dirigeaient en son absence les
« armées d'Italie. Maxence avait la supériorité du nom-
« bre. Outre l'ancienne armée de Sévère et celle que Maxi-
« mien-Hercule, son père, avait jadis recrutée, il avait
« grossi les rangs de ses soldats de nouvelles levées faites
« en Afrique et en Italie. On en vint aux mains. Les
« troupes de Maxence eurent d'abord quelques succès.
« Cependant Constantin, affermissant son courage et dé-
« cidé à risquer le tout pour le tout, concentra son armée
« entière sous les murs de Rome et vint asseoir son camp
« dans la région du pont Milvius (2).
« On célébrait à Rome l'anniversaire solennel de l'avè-
« nement de Maxence. Les fêtes quinquennales données à
« cette occasion étaient arrivées à leurs derniers jours.
« *Pendant son sommeil, Constantin fut averti d'avoir à*
« *faire graver* LE SIGNE CÉLESTE (3) *sur les boucliers de*

---

(1) Eusèbe, *Vie de Constantin.*
(2) Aujourd'hui Ponte Molle.
(3) C'est-à-dire le chiffre caractéristique de la croix miraculeuse qui avait
apparu, dans le ciel, à lui et à son armée.

« *ses soldats*, et d'engager ensuite sans crainte la bataille.
« Il le fit avec une docilité exemplaire. *Chaque guerrier*
« *fût muni de ce symbole divin, qui n'était autre que le*
« *monogramme du Christ.*

« L'armée, ainsi pourvue de ce gage de victoire, se ran-
« gea en bataille, pendant que l'ennemi, traversant le
« pont, venait s'adosser à la rive gauche du Tibre. Le
« combat s'engagea de part et d'autre avec une égale
« vigueur et demeura longtemps incertain. Cependant
« une émeute éclata dans l'intérieur de la ville. On en-
« toura Maxence ; on lui reprocha de n'être pas avec les
« combattants. Son abstention fut traitée de trahison ou-
« verte. En ce moment le peuple, réuni au cirque pour les
« fêtes quinquennales, s'écria : On ne vaincra pas Cons-
« tantin ! Maxence éperdu manda à la hâte quelques sé-
« nateurs dévoués à sa cause et se fit apporter les livres
« sibyllins. Cet oracle consulté, la réponse fut celle-ci : En
« ce jour l'ennemi du peuple romain doit périr.

. « Maxence interprète à son avantage cette parole am-
« bigüe. Dans l'espérance d'une victoire, il franchit le
« Tibre et rejoignit son armée. Le pont fut coupé der-
« rière lui. A l'arrivée de Maxence, la lutte redoubla
« d'ardeur : mais la main de Dieu éclata visiblement.
« L'armée du tyran fut mise en déroute. Maxence lui-
« même, contraint de fuir, se précipita vers le pont
« rompu. Une multitude immense encombrait déjà l'abord.
« Maxence, pressé par la foule des fuyards, fut précipité
« dans le fleuve. La guerre était terminée. Sénat et peu-
« ple reçurent Constantin avec un enthousiasme indes-
« criptible (1).

« On ériga, dit Eusèbe, sur le Forum, en face du Ca-
« pitole, une statue de marbre blanc, représentant Cons-

---

(1) Lactance, de la mort des persécuteurs, ch. XLIV.

« tantin debout, en costume militaire, tenant de la main
« droite, en guise de lance, une croix. Sur le socle du
« monument on lisait : *Par ce signe sacré du salut, gage*
« *de la véritable gloire, j'ai arraché la ville de Rome*
« *à une domination tyrannique. En rendant la liberté au*
« *sénat et au peuple, j'ai établi l'antique honneur et la*
« *gloire de la noblesse romaine* (1). »

Tel est le récit de ces graves auteurs, tous deux con-
temporains du grand événement, et dont on ne saurait
récuser l'autorité.

D'après Lactance c'est sous les murs même de Rome,
quand Constantin, concentrant son armée entière, était
venu asseoir son camp dans la région du pont Milvius que
pendant son sommeil « Constantin fut averti d'avoir à
« faire graver le signe céleste sur les boucliers de ses sol-
« dats, et d'engager ensuite sans crainte la bataille. Il le
« fit avec une docilité exemplaire. Chaque guerrier fut
« muni de ce symbole divin qui n'était autre que le mo-
« nogramme du Christ. »

Voilà donc une vision divine dont est favorisé Constantin, à la veille de la bataille. Mais, qu'on le remarque
bien ; il n'est point question de l'apparition de la croix
lumineuse. Bien plus, l'ordre donné à l'empereur d'avoir
à faire graver *le signe céleste* sur les boucliers de ses soldats, suppose ce signe céleste déjà connu : il est, par con-
séquent, postérieur à l'apparition de la croix. Non-seulement on ne saurait conclure, d'après le récit de Lactance,
que Rome a été le théâtre de l'apparition de la croix
lumineuse ; son récit induit plutôt à croire que Constan-

---

(1) Eusèbe, Vie de Constantin, *Hoc salutari signo quod veræ virtutis argu-
mentum est urbem tyrannicæ dominationis jugo liberatam servavi. Senatui
populoque romano in libertatem asserto pristinum decus nobilitatis splendo-
remque restitui.* Cette statue, renversée dans les invasion des barbares, fut
retrouvée sous Clément XII et placée sous le portique de la basilique de La-

tin, à cette époque, en avait déjà été favorisé dès avant son arrivée sous les murs de la ville.

Dans Eusèbe, au contraire, c'est bien la narration détaillée de cette apparition. « Constantin aperçoit dans les « airs, un après-midi, quand le soleil s'inclinait déjà sur « l'horizon, au-dessus de l'astre rayonnant, une croix « lumineuse. La même journée, durant son sommeil, le « Christ, Fils de Dieu, lui apparaît avec le même signe « qu'il avait vu resplendir dans les airs. Il lui ordonne de « faire reproduire cette image sur les drapeaux ; non sur « les boucliers de ses soldats, comme dans la vision rap- « portée par Lactance. »

A la suite de l'apparition de la croix dans les airs, complétée le même jour par la première vision, Constantin manda des prêtres de J.-C. et se fit instruire par eux des mystères de notre foi ; ce que ne marque point Lactance pour la vision qu'il rapporte. C'est donc dans Eusèbe seulement qu'il faut chercher le récit de l'apparition de la croix lumineuse.

Or, comme l'aura certainement remarqué le lecteur, Eusèbe déclare ne plus se souvenir du lieu où se trouvait alors l'armée témoin du prodige, et dont l'étonnement fut au comble. D'où nous inférons que l'apparition ne se fit pas sous les murs de Rome. Est-il possible en effet, de supposer qu'Eusèbe ait pu oublier le lieu, théâtre de l'événement, s'il se fût accompli en vue de la ville, dans la région du pont Milvius. Dans l'hypothèse, au contraire, où quelque région éloignée de la capitale de l'empire aurait été favorisée du miracle, on comprend qu'Eusèbe n'en ait pas conservé le nom (1). Cherchons donc en dehors de

---

tran fondée par Constantin. Sur l'Arc de triomphe que le sénat a fait ériger à Constantin, comme libérateur de la ville, on lit encore qu'il a accouru la délivrer des tyrans, *Instinctu divinatis,* par une inspiration de la Divinité.

(1) La localité où Constantin a eu le spectacle de la croix et la vision dans

Rome si des traditions locales, confirmées par l'étude des lieux et des monuments et concordant avec les circonstances du récit d'Eusèbe, nous fourniront les éléments d'une solution.

Le P. Longueval dit que l'apparition de la croix lumineuse eut lieu dans les Gaules, avant le passage des Alpes. Comme nous le verrons en effet, diverses traditions locales se posent en faveur de notre pays. Elles trouvent d'abord une confirmation dans Nazarius, orateur payen, chargé par le sénat de prononcer devant cette assemblée le panégyrique de Constantin, en présence du césar Constantin-le-Jeune et de toute la curie. Or, Nazarius déclare que « toutes les Gaules ont unanimement répété le pro- « dige. » Pourquoi les Gaules, et non pas l'Italie, l'Espagne ou la Bretagne, si ce n'est parceque les Gaules ont été le théâtre de ce grand miracle qui a transformé l'empire romain ?

D'après les uns, ce serait sur les bords du Rhin (1); selon d'autres, à Besançon que le prodige aurait frappé Constantin et son armée. « Il paraît certain que le prince « eut cette vision avant de passer les Alpes ; mais on ne « s'accorde pas sur le lieu où elle lui apparut. Selon les « uns, ce fut sur les bords du Rhin ; selon d'autres, à « Besançon. Quoiqu'il en soit, le miracle promptement « connu dans la Grande-Séquanie, y fut regardé comme

---

la nuit qui suivit dut beaucoup plus l'impressionner que la seconde vision. C'est de la première dont il entretint surtout Eusèbe qui dit que Constantin lui avait nommé le lieu dont il ne s'est plus souvenu en écrivant la vie de l'empereur. Lactance, habitant de Rome, de son côté, a été impressionné par la lutte engagée sous ses yeux devant la ville; il ne parle que du monogramme du Christ comme ayant été gravé près de Rome. Il ne mentionne pas où s'est produit le signe céleste. Faisons attention que le but de son livre *De la mort des persécuteurs*, est d'enregistrer la fin tragique des bourreaux de l'Eglise, et non d'écrire l'histoire contemporaine.

(1) Laguille, histoire d'Alsace.

« une preuve éclatante de la divinité du christianisme.
« Afin d'en garder le souvenir, le *labarum* fut gravé sur
« les médailles du temps, et la cavalerie du pays le fit
« peindre sur ses étendards. Dans une contrée où les
« merveilles de la grâce étaient ainsi appréciées, les con-
« quêtes de l'Evangile devinrent faciles et rapides. Saint
« Eusèbe convertit en peu de temps ce qui restait d'ido-
« lâtres dans la ville épiscopale. Les temples chrétiens,
« qui n'avaient été jusqu'alors que des oratoires souter-
« rains, s'élevèrent enfin sur le sol et prirent, à dater de
« cette époque, le nom d'églises (1). »

Villeneuve, en Savoie, aurait, de son côté, la préten-
tion d'avoir été le théâtre du prodige de la vision de la
croix lumineuse. Cela constaterait simplement que l'armée de Constantin, passant par cette localité, son enthousiasme aurait si profondément remué les habitants que,
dans le cours des siècles, leurs descendants ont fini par
confondre ce qui avait été raconté chez eux avec l'événement miraculeux lui-même, comme y étant arrivé.

Mais il est une autre région des Gaules qui a des titres
bien sérieux : nous voulons parler des territoires d'Autun
et de Chalon.

Fleury croit que ce fut après le séjour de Constantin à
Autun que ce prince invoqua le vrai Dieu, le priant de se
faire connaître à lui et de lui accorder sa protection. Au
dire des Pères Perry, Marin et Thomassin, l'apparition
miraculeuse qui détermina la conversion de l'empereur
Constantin aurait eu lieu non loin de l'ancienne Bibracte.
Plusieurs historiens, dit M. Dinet chanoine d'Autun (2),
placent dans nos contrées le lieu où la croix lumineuse
apparut à Constantin et à toute son armée. En effet,

---

(1) Vies des saints de Franche-Comté. Tome 1, p. 56.
(2) Vie de saint Symphorien.

ajoute-t-il, l'autorité des Pères Perry, Marin et Thomassin induirait à placer non loin d'Autun l'apparition du prodige qui détermina la conversion de l'empereur Constantin.

Précisant davantage ces indications; c'est dans le voisinage de Sainte-Croix, paroisse importante aujourd'hui dn diocèse d'Autun, située à sept kilomètrs au sud-est de Louhans, que nous placerions l'apparition de la croix lumineuse.

Pour comprendre plus facilement les titres de cette région à revendiquer le prodige, il sera bon de rappeler au lecteur ce qu'était au temps de Constantin, Bibracte, la capitale des Eduens. Ayant peine à se relever de ses ruines, l'évêque, saint Rhétice, d'une des plus nobles familles du pays, avait été gracieusement accueilli de l'empereur qui même, à sa requête, avait accordé une diminution dans les taxes du fisc qui pesaient sur cette ville. A raison de sa haute réputation de sainteté et de science divine le saint prélat, dit Gagnare (1), fut spécialement mandé par l'empereur, à l'apparition de la croix lumineuse pour l'instruire des vérités chrétiennes et mérita d'être appelé Protocatéchista Constantini (2). Le prince finit par concevoir une si grande admiration pour le saint évêque d'Autun, qu'il l'appela à un concile tenu à Rome contre les Donatistes, en 313, où saint Rhétice eut l'honneur de siéger auprès du Pape saint Melchiade. En 314, il assista à un autre concile à Arles, où il fit paraître de nouveau, dit le P. Longueval, une profonde doctrine unié à la force de l'éloquence. Saint Augustin l'appelle un homme de Dieu, d'une grande autorité dans l'Eglise (3). Il est fort probable que les rapports intimes de Constantin

---

(1) 10. *Histoire de l'Eglise d'Autun.*
(2) *Ann. de philos. chrét.* T. xx.
(3) Contr. Jul. Pelag.

avec saint Rhétice ont fait que plus tard des chroniqueurs ont confondu le territoire témoin du miracle de la croix miraculeuse, avec le territoire siége du premier guide spirituel de l'empereur.

L'importance d'Autun et de sa région au temps même où Constantin allait marcher sur Rome, non moins que les rapports du prince avec cette métropole des Eduens, favorisent donc la tradition qui ferait partir le prince de ces pays et placerait non loin de là l'apparition miraculeuse.

Maintenant, pour faire du voisinage de Sainte-Croix, le théâtre même de l'apparition, nous avons des indices dont on ne saurait méconnaître, ce nous semble, la gravité. C'est d'abord, dans la même région, le rapprochement de quatre localités dont *les noms* semblent se rapporter à cette apparition, à savoir : Sainte-Croix, Labare, Montret et Lux.

La direction de la voie romaine suivie par Constantin avec son armée, au sortir de Chalon, aboutissait forcément à Sainte-Croix, au lieu appelé Labare, près de la rivière du Solnan et du bief de Néron. Le parcours de cette voie romaine sur Sainte-Croix, d'environ un kilomètre, est tellement visible que les fermiers de Balme, où elle passe, ont enlevé sur cette voie beaucoup de tombereaux de pierres pour conduire sur les chemins vicinaux. La voie semble venir de Louhans se dirigeant sur Cuiseaux. Telle est la direction que lui donnent les Annuaires de Saône-et-Loire, à l'article *Sainte-Croix*. La grande voie tenue par Constantin était si bien la route qui passe à Sainte-Croix-Labare, qu'en 1814, les Alliés, la carte à la main, la demandaient aux habitants de la paroisse.

M. de Voucoux, président de la société archéologique d'Autun, mort évêque d'Evreux, assure que le bourg de

Sainte-Croix doit son nom à l'apparition miraculeuse de la croix à Constantin ; et M. Pequegnot, théologal d'Autun, citant à l'appui de son opinion le savant cardinal Pitra, dit dans son légendaire que Sainte-Croix a des droits pour revendiquer cet honneur (1).

Sainte-Croix situé à six kilomètres au sud-est de Louhans, au bord du Solnan, entouré de vastes praieries, est une paroisse importante de 1,300 âmes, la seule du vaste et populeux diocèse d'Autun qui ait toujours été qualifiée par ce vocable. Il y a un château dont les propriétaires, qui portent le beau nom de marquis de Sainte-Croix, sont de la plus ancienne noblesse du pays. Le nom de Sainte-Croix est le nom de la paroisse de temps immémorial : la tradition locale n'en connaît pas d'autre. Sainte-Croix est à un étape de Chalon, sur la voie romaine, dont il y a encore des traces très-visibles à Labare, hameau situé à un kilomètre de l'église paroissiale. Au moyen-âge Labare était un fief relevant de la noble maison de Vienne, qui passa ensuite dans celle de Brancion.

C'est la tradition constante et unanime à Sainte-Croix qu'au hameau de Labare, il s'est autrefois passé un grand événement, qu'une croix brillante a apparu dans le ciel, quoique jamais, atteste M. Bordet, curé de l'endroit, on leur en ait parlé en public ni en particulier. En mémoire, de ce grand événement, le hameau de Labare, quoique composé seulement de trois habitation rurales, prend et a toujours pris un soin particulier d'entretenir une croix sur un tertre factice de son de son territoire, parce que, disent les gens de Labare, il a toujours existé là une croix, objet d'une grande vénération. En 1874, un vieillard du pays, âgé de 85 ans, assurait que dans sa jeunesse on disait de même.

---

(1) Inv. de la Sainte-Croix ; 3 mai, T. 1.

La tradition populaire qu'autrefois une croix a apparu dans le ciel, près de Sainte-Croix, au-dessus du hameau de Labare, a maintenu dans la paroisse une vive dévotion envers la croix, dévotion qui va jusqu'à persuader aux habitants que c'est la croix qui les préserve de la grêle et du feu du ciel. Le pasteur actuel certifie qu'en effet ces fléaux n'ont pas frappé sa paroisse depuis près de 30 ans qu'il l'administre.

Sainte-Croix a pour fête patronale l'instrument de notre rédemption. Seule, de toutes les paroisses du vaste diocèse d'Autun, elle jouit de cette faveur. Ses antiques vitraux peints représentent la croix. Elle se voit aussi sur des objets trouvés dans les fouilles ; sur une ancienne bague qui porte gravés les mots : *J'aime ma croix* ; sur un cachet en bronze où l'on voit une croix entourée de lettres qu'on n'a pu déchiffrer : Ce cachet fut découvert en 1874, à une grande profondeur, en pratiquant des fouilles dans la cour du château.

Comment se rendre compte de la fréquence des noms de Constantin, Constant et Constance donnés aux enfants des villages de la Bresse louhannaise : c'est-à-dire de la vaste plaine (1), où le miracle céleste a éclaté à la vue des populations du pays, comme aux regards de Constantin et de son armée: Cette prédilection pour ces noms s'explique très-bien par la profonde impression qu'a laissée dans la contrée ce prodigieux événement.

Il y a à Sainte-Croix deux foires très-considérables, l'une, le lendemain de l'Invention de la sainte croix, 4 mai ; et l'autre, le jour de son exaltation, 14 septembre,

---

(1) *Magnum campum*, le territoire au-dessous de Chalon entre la Saône et les monts du Jura. M. Legrand, archéologue, curé d'Huilly, qui s'occupe de cette recherche depuis 35 ans, nous a certifié que les historiens ecclésiastiques s'accordent à dire que Constantin avec son armée traversait une plaine immense, *campum magnum*, lorsqu'en approchant des montagnes il vit la croix lumineuse.

foires ou jours auxquels on invite encore les parents et les amis comme ils sont généralement conviés dans les paroisses rurales à la fête patronale. Ces foires sont les plus anciennes qu'on connaisse dans le Louhannais. Remontant à un temps immémorial, elles témoignent qn'en cette paroisse il y a eu, dans les anciens temps, un pèlerinage, un rapport, un pardon. Foire vient de *feria*, férie, fête religieuse qui suspend les œuvres serviles. Alors le concours des pèlerins attirait les marchands. Mais insensiblement, là comme ailleurs, les rapports entre les âmes et le ciel se sont transformés en spéculations commerciales. Le culte de la croix ne pouvait plaire à Satan. Il a opposé les intérêts matériels qui, commençant comme toujours, par demander une toute petite place dans la fête, ont fini par s'en rendre les maîtres exclusifs avec leurs conséquences, les divertissements payens, les danses, comme dans tant d'autres campagnes, le jour de la solennité du patron.

Dans une lettre adressée le 15 février à Mgr Guérin, l'abbé Crevot, directeur des sœurs de saint François d'Assise à Lyon, affirme que l'apparition de l'étendard *in hoc vinces* a eu lieu à deux journées de chemin des Alpes, au moment où Constantin partait des Gaules pour aller prendre possession de l'Empire (1). En entendant ces deux journées de chemin de deux étapes militaires, comme il y a 80 kilomètres de Sainte-Croix à Culoz, on aurait par journée de marche 40 kilomètres ou 8 lieues (2).

Voilà les titres que présente Sainte-Croix, pour revendiquer l'honneur d'avoir été le lieu où se trouvait Constantin lors de l'apparition de la croix lumineuse. Mais Lux et Montret viennent aussi revendiquer la faveur de cette vision miraculeuse.

---

(1) P. Boll. T. v p. 276.

(2) Presque tous les documents sur Sainte-Croix, ont été fournis par M. Bordet, curé de la paroisse.

Lux, village près de Chalon, au sud et à droite de la Saône, s'est toujours glorifié de porter le nom de *Lux*, lumière, en mémoire de l'apparition de la croix. Le temps, au lieu d'affaiblir cette tradition, semble l'avoir rendue plus vivace, même dans les villages voisins. Le dire de Courteépée (1) que Constantin s'embarqua sur la Saône avec son armée, pour se rendre en Italie, vient très-probablement du fait que le corps d'armée se trouvant, au moment de l'apparition, dans le lieu depuis appelé *Lux*, était le corps d'armée de la Grande-Bretagne, arrivant à travers les plaines de Senones ; lequel aurait descendu à *Trenorchium* (2), pour rejoindre les autres légions, en traversant le pont de cette ville. On vient de construire ou reconstruire à Lux une église dédiée à la croix.

Au commencement de ce siècle, les traditions sur l'apparition de la croix étaient encore très-vivaces à Montret. M. Legrand, curé d'Huilly, au voisinage, nous a certifié qu'on a fait voir à S. E. le cardinal Pitra, alors professeur au séminaire d'Autun, un vaste terrain appelé le *champ de Constantin*, où aurait campé un corps de son armée. M. Legrand dit encore que Montret avait, au dernier siècle, à peu près la même population qu'aujourd'hui, à part deux villages qui lui ont, été réunis : que l'historien de la Bourgogne lui donne 500 communiants : qu'on y voit encore les traces d'un ancien camp romain appelé *champ de la croix* : que Montret portait le nom de *Miraculum* dans les titres du XIII°, du XII°, du XI° siècle et plus haut. *Miraculum* a à peu près la même signification que *monstrum*, prodige, événement extraordinaire.

Rien de plus facile que de mettre d'accord ces prétentions. Toute l'armée, et non un corps d'armée a été

---

(1) Description du duché de Bourgogne.
(2) Tournus.

témoin du prodige. Constantin arrivant alors sur le territoire depuis appelé *Labare*, avait avec lui une légion du
Rhin et les auxiliaires, c'est-à-dire 14 à 15,000 hommes.
Les autres légions qui suivaient, probablement à une ou
deux journées de distance, débouchaient en même temps,
l'une à Montret, et l'autre à Lux. Cette explication qui
doit être la vraie, observe M. Legrand, concilie les traditions de ces trois localités, c'est-à-dire que le miracle de
la croix lumineuse a été vu *en même temps* par le corps
d'armée qui campait à Labare avec Constantin, et par les
deux autres légions avec leurs auxiliaires qui suivaient et
s'arrêtaient simultanément. l'une à Montret et l'autre à
Lux. Un habile général, comme était Constantin-le-Grand,
ne masse ses troupes que devant l'ennemi. Une armée
avec ses engins, ses bagages, ses vivres, ses bêtes de
somme a besoin d'un grand espace pour établir ses haltes:
jamais on ne la concentre dans un étroit, quand elle
voyage sur son territoire avec la sécurité qui se trouve
dans les simples changements de garnisons. Il est évident
alors que la croix lumineuse ayant apparu *au-dessus du
soleil*, a fort bien pu être vue également de Lux et de
Montret comme de Labare-Sainte-Croix.

D'autre part, les fragments de l'évêque arien Philostor-
gue, contemporain du miracle, recueillis par Photius (1).
disent que la croix vue dans les airs par Constantin, *parut
dans l'orient* comme une lumière éclatante. Pour les trois
corps de l'armée impériale, l'orient était la Grande-Séquanie, capitale Vesuntio. De là probablement l'origine de
la vague rumeur de l'apparition de la croix à Besançon,
cité dont la juridiction s'étendait *alors* à l'ouest jusqu'à la
Saône et sur toute la longueur orientale de la Saône, depuis
sa source jusqu'à son confluent avec le Rhône, à Lyon.

---

(1) **Lib. 1**, cap. VI

C'est présumablement à l'arrivée de saint-Rhétice, demandé par l'empereur sur le théâtre du prodige, que ce lieu reçut tout aussitôt les noms de *Sainte-Croix-Labare*, et qu'on y érigea une croix, comme des monuments perpétuels de l'apparition.

Dans ses notes sur le martyrologe, le savant cardinal Baronius dit que la fête de l'Exaltation de la Sainte-Croix a été instituée, au temps de l'empereur Constantin, pour remercier Dieu de ce qu'alors la croix fut exaltée dans tout l'univers par la liberté qu'eurent les fidèles de prêcher l'Evangile et de bâtir les églises. Ne serait-ce pas la pensée de l'Eglise romaine qui, en ce jour, nous fait chanter *Sancta crux extollitur à cunctis regibus; virga regia erigitur in quâ salvator triumphavit* (1).

Or, la date du 14 septembre; à laquelle l'Eglise a fixé cette fête, laisse un temps suffisant entre le jour de l'apparition et le 28 octobre, jour où l'armée Constantinienne enleva Rome. Voici comment on peut faire concorder la marche des troupes avec cette date. Supposant que, de Chalon à Rome, il y a eu 33 journées de marche, à 30 kilomètres par jour, et 25 jours de marche; Constantin se trouvant à Sainte-Croix le 14 septembre, avait devant lui 44 jours, nombre bien suffisant pour franchir les 33 étapes qui le séparaient de Rome.

Pour se rendre de Sainte-Croix-Labare en Italie où il était pressé d'arriver, l'empereur, le *Labarum* déployé à la tête de son armée électrisée, passa par la Bresse et la Savoie : 1° Parcequ'il devait suivre la voie principale et la plus directe pour arriver à Rome, la route par laquelle avaient jadis passé les légions de Germanie entraînant

---

(1) Hymn. Breviar. 14 sept. Exaltationis sanctœ crucis solemnitas, quœ hac die quotannis celebrabatur, illustrior haberi cœpit ob ejus rei memoriam, quod ibidem fuerit reposita ab Heraclio, ubi Salvatori primum fuerat constituta. Ibidem.

avec elles leur triste général Vitellius dont elles avaient fait un fantôme d'empereur, pour aller mettre Rome à sac; 2° Parceque Constantin voyageait sur les territoires dépendant de son gouvernement, à travers des populations dévouées à sa famille.

En 1830, près de St-Amour, route de Coligny à Bourg, au champ *Picnou* ont été trouvés 250 grands et moyens bronzes de Constantin et autres princes de son époque ; en 1852, à Loisia, des bronzes du même Constantin. M. V. Corbet, numismate à St-Amour, a recueilli dans le pays plus de 100 médailles du Grand Constantin, et en a vu beaucoup d'autres chez des amateurs du voisinage. En 1855, à Cuiseaux, on a trouvé une médaille de Crispus ; à Loisia, un petit bronze de Constantin-le-Jeune; à Digna, un joli bronze de Constant, debout sur un vaisseau, tenant d'une main *le Labarum*, et de l'autre le globe surmontée d'un phénix. On a encore trouvé des médailles de Constantin à la Biolée, à Maynal, à Cousance, à Cuiseaux, à Nanc, etc. *Voir notice archéologique sur les monnaies anciennes etc., par V. Corbet, Lons-le-Saanier, Gauthier 1868.*

Si on ne trouve guère de ces médailles dans la vaste plaine où Constantin a campé plusieurs jours, cela vient de ce que les inondations y accumulent les terres des collines voisines. Pendant que les côtes se dénudant mettent des dépôts au jour, ceux-ci, témoignage du séjour de l'homme, s'enfoncent successivement dans les plaines, plus ou moins marécageuses, tellement que, pour les faire reparaître au jour, il faut des travaux extraordinaires qui n'ont pas encore été faits en Bresse, *per magnum campum.*

Constantin franchit les Alpes sans avoir eu d'obstacles à surmonter : bien que Maxence lui eût déclaré la guerre: Il s'avança librement jusqu'à Suse, clé de l'Italie.

Le sénat et la partie saine du peuple romain appelaient Constantin comme un libérateur impatiemment désiré. Quoiqu'il n'eût que 40,000 soldats et que son adversaire en comptât quatre fois autant, il ne s'arrêta que pour briser au fur et à mesure les divers obstacles. En moins d'un mois et demi, il força Suse, l'épée à la main, dispersa, auprès de Turin; la cavalerie de Maxence, battit une seconde armée près de Vérone, et emporta cette forte place.

D'après le récit de Lactance, les troupes de Maxence auraient eu quelques succès après ces revers, tellement que Constantin raffermissant son courage (par la foi dans les promesses de Jésus-Christ) et décidé à risquer le tout pour le tout, manœuvra de manière à concentrer toute son armée sous les murs de Rome, et assit son camp dans la région du pont Milvius. Des fêtes données au peuple de Rome, pour célébrer l'anniversaire de l'avénement de Maxence à l'empire, étaient arrivées à leurs derniers jours. Pendant son sommeil, Constantin fut averti de *faire graver le monogramme du Christ sur les boucliers de ses soldats*, et d'engager ensuite hardiment la bataille.

Comme on ne doit pas craindre de se répéter pour rétablir une vérité à la place d'une erreur à peu près universelle qui en a usurpé la place, nous répétons donc ce que nous avons déjà établi plus haut. Eusèbe assure que Constantin eut une vision miraculeuse la nuit qui suivit l'apparition de la croix *dans les airs*, vision dans laquelle J.-C. lui ordonna de reproduire l'image miraculeuse sur *les drapeaux* de l'armée; image qui serait un gage certain de la victoire. Lactance, qui n'a en vue que de signaler la mort affreuse du persécuteur Maxence, dit de son côté, que J.-C. apparut à l'empereur dans son sommeil, l'avertissant de faire graver le signe céleste sur *les boucliers* de ses soldats et d'engager ensuite hardiment la lutte contre ce bourreau des chrétiens et même de payens, dont la mesure de crimes était au comble.

De là s'ensuit que Constantin a été favorisé du ciel de *deux visions nocturnes très-distinctes quant au lieu et quant à l'objet* : l'une dans les Gaules ; à sainte-Croix-Labare, à la suite de l'apparition de la croix à toute l'armée ; l'autre, avant le combat livré auprès du pont Milvius ; les ordres donnés par J.-C. dans la première de ces visions étant différents des prescriptions commandées dans la dernière. *La confection du Labarum* eut lieu après la première vision ; et *le monogramme du Christ a été gravé sur les boucliers* des soldats Constantiniens après la seconde vision.

Dans ses notes sur Lactance, Baluze, parlant de *ces deux visions nocturnes*, s'écrie : « à quelle histoire croi-
« rons-nous, s'il nous est permis de les révoquer en doute?
« Elles sont attestées par des témoins qu'on ne peut récu-
« ser ; et d'ailleurs elles sont confirmées par des *médail-*
« *les* et par d'autres anciens monuments. »

C'est la confusion de la seconde vision nocturne de Constantin sous les murs de Rome la nuit qui précéda le conflit contre Maxence aux *Roches Rouges* avec la vision antérieure dans les Gaules, qui a fait imaginer, même à des érudits, que l'apparition de la croix lumineuse a eu lieu au-delà des Alpes et près de Rome. On ne conçoit pas comment ils osent prétendre avoir pour eux le poëte Prudence qui, dans ses poésies, dit simplement qu'après le passage des Alpes (1), Constantin eut un songe d'après lequel *ayant fait graver le monogramme du Christ sur les boucliers de ses soldats*, il engagea aussitôt la bataille et vainquit Maxence. Prudence parle exactement comme Lactance.

____

(1) Transmissis alpibus.

Mais il doit y avoir quelque triste mystère dans cette opposition qui affirme que Godescard contredit formellement notre thèse. Voici ses paroles : « Le Sauveur lui « fit connaître (à Constantin) dans *une double vision* de « quelle puissance il avait reçu l'empire du monde. Quel- « ques auteurs infèrent, du récit d'Eusèbe et de Prudence, « que ce fut dans les Gaules qu'il vit la croix dans le ciel : « mais le premier de ces auteurs ne parle ni du temps, « ni du lieu où se fit l'apparition ; le second dit expres- « sément que ce fut après le passage des Alpes (transmis- « sis Alpibus). Lactance détermine le temps et le lieu de « *cette vision nocturne* ; il la met auprès de Rome et dans « la nuit qui précéda la bataille. Eusèbe lui-même dis- « tingue expressément *la vision* qu'eut l'empereur dans « le jour d'avec celle qu'il eut la nuit suivante. » Voilà une reconnaissance formelle de *deux visions* : la vision *transmissis Alpibus*, vision nocturne auprès de Rome, signalée comme différente des deux visions distinctes que ce prince avait eues antérieurement en Gaule, pendant le jour et la nuit suivante (1).

Continuons « Constantin, immédiatement après une « prière fervente faite au vrai Dieu, se mit en marche; « au milieu du jour, avec une partie de son armée. Un « peu après midi, le soleil commençant à baisser, l'em- « pereur et ceux qui étaient avec lui furent tous étonnés « de voir une croix lumineuse autour de cet astre. La « nuit suivante, Jésus-Christ lui apparut en songe avec « le même signe, et lui commanda d'en faire une repré- « sentation qui lui servirait d'étendard lorsqu'il irait à la « guerre. Constantin, à son réveil, raconta cette vision à

_____

(1) Bien différents sont les sentiments du successeur de saint Rhétice, écrivant le 15 avril 1875 : « Personne plus que moi ne désire voir les conclusions de vos nouvelles recherches placées au-dessus de tout doute et de toute discussion.

« ses amis et donna des ordres pour qu'on lui fît un
« étendard selon la forme qui lui avait été prescrite.
« C'est le fameux *Labarum*. » Cette citation de Godescard témoigne qu'il ne pensait pas que la représentation
du signe, *le Labarum* ait pu être confectionné le lendemain matin, avant la bataille qui allait s'engager. Cependant il était fort important de faire figurer *le Labarum*,
à la tête des troupes, dans une lutte où il s'agissait pour
Constantin de l'empire et de la vie.

Godescard dit encore : « Lactance, précepteur du César
« Crispe, fils de Constantin, attribue aussi la victoire
« remporté sur Maxence à la *la vision miraculeuse que*
« *l'empereur avait eue pendant la nuit avant la bataille*.
« vision dont l'objet était de faire graver le monogramme
« du Christ sur les boucliers des combattants, comme
« gage de victoire. » Voilà la même assertion que Lactance et Prudence.

Pour en finir avec les contradicteurs, ceux qui soutien-
nent que *le Labarum* a apparu à Constantin, sur le mont
Mario, aux portes de Rome, témoignent qu'ils n'ont pas
lu et médité les récits d'Eusèbe et de Lactance, ni connu
le panégyrique de Constantin par Nazarius. Nous leur
disons : Comme c'est aux portes de Rome que le premier
empereur chrétien a été favorisé de la seconde vision
nocturne où J.-C. lui ordonna de faire graver le monogramme divin sur les boucliers de ses soldats, cette révé-
lation a très-bien pu se faire sur le mont Mario, colline
située près de Rome, en dehors de l'enceinte fortifiée de
la ville.

Enfin Constantin se trouva au pont Milvius en face des
troupes du tyran. Pendant une bataille acharnée aux
Roches-Rouges, à neuf milles de Rome, Maxence, obligé
par une émeute d'aller rejoindre les siens, y court plein
de confiance dans un oracle sibyllin équivoque qu'il inter-

préte en sa faveur. La lutte, à son arrivée, devient encore plus violente. Son armée ayant fini par être mise en déroute malgré l'intrépidité des prétoriens qui couvrirent de leurs corps la place où ils s'étaient rangés en bataille, Maxence, contraint de fuir, se précipita vers le pont rompu du Tibre dont l'abord était encombré par la multitude. Pressé par la foule des fuyards, ce scélérat fut précipité dans le fleuve. On retrouva son corps profondément enfoncé dans le limon. Cette mémorable bataille, qui ouvrit à Constantin les portes de Rome, se livra le 28 octobre 312.

M. L. J. C., auteur d'un article sur l'inscription chrétienne d'Autun (1), dit : « Une foule de médailles frappées « à Autun avec le monogramme du Christ, la croix grec- « que, qui, de temps immémorial, figure dans les armes « de la ville et du chapitre, d'anciennes traditions locales « les noms de *Lux,* de *Sainte-Croix* donnés à deux vil- « lages placés sur les deux voies de Chalon à Lyon, l'au- « torité des Pères Perry, Marin, Thomassin induiraient à « placer près d'Autun, le théâtre de l'apparition du *La-* « *barum.* Peut-être serait-il possible, en recueillant ces « données, en explorant attentivement les lieux indiqués, « d'éclaircir l'un des plus intéressants problèmes de l'his- « toire ecclésiastique. »

La découverte incontestable du lieu qui a été le théâtre de l'apparition de la croix lumineuse en 312, non-seulement résoudrait un des plus intéressants problèmes de l'histoire ecclésiastique, mais encore elle serait, en ces temps de perturbation sociale, une grande miséricorde divine pour aider au relèvement de la France gisante sous le sépulcre. Ainsi que J.-C., elle ne peut ressusciter vivre et régner que par la croix.

---

(1) Inséré dans les *Annales de philosophie chrétienne*, n° de mars, année 1840.

Comment les chrétiens ont-ils tellement pu oublier le lieu précis où s'est manifesté la croix lumineuse, que plusieurs provinces, et même plusieurs nations, se disputent l'honneur de le posséder? Problème insoluble, si on ne recourt à l'intervention de la Providence qui a entendu que, dans un temps et à une heure par Elle décrétés, ce lieu, favorisé entre tous les lieux du monde, fût remis en lumière, afin de relier le miracle de l'*apparition de la croix* de J.-C. au ciel, au miracle de la *manifestation du cœur* du même J.-C. brisé de douleur pour nos révoltes contre sa royauté.

Au IV⁰ siècle, le Sauveur du monde a révélé sa royauté par la croix à la grandeur humaine, dans toute sa splendeur apparente, à un jeune et puissant empereur, à la tête de trois corps d'armée, et à des centaines de milliers de fidèles et de payens, avec un éclat irrésistible qui a instantanément opéré la transformation du monde. Au XVII⁰ siècle, ce même Sauveur, toujours Sauveur pour un monde sans cœur, qui bientôt le rejetera, le conspuera comme le Juif, pour adorer le prince de ce monde, manifeste les tendresses de son divin cœur, fournaise de charité, à la profonde humilité d'une pauvre nonne dans l'obscure solitude du cloître d'une communauté de la Visitation de Sainte-Marie.

S'il était démontré que la première manifestation divine, comme c'est incontestable pour la seconde, a été opérée dans la nation que les Papes ont appelée la fille aînée de l'Eglise, assurément plusieurs réfléchiraient, prieraient et finiraient par se convertir. C'est cette conviction et une grâce spéciale qui ont poussé à faire des recherches, à recommencer dix fois le travail, à surmonter de rudes obstacles, pour arriver à un résultat que nous espérons avoir atteint, mais dont cependant nous attendrons la confirmation des hommes compétents, *pour exciter, pousser* à l'emploi des moyens de correspondre à ces deux grandes faveurs du ciel dont aurait été favorisée la France de Clovis, de Charlemagne et de Saint-Louis.

LE LABARUM

On a objecté que Labare pourrait tout aussi bien être écrit et prononcé en deux mots qu'en un seul. C'est juste ; mais en le considérant comme composé de deux mots, il signifierait *barrière, barrage, marche, frontière, péage, limite d'octroi.* Or, aucune de ces significations ne convient à Sainte-Croix-Labare, considérés le silence absolu de l'histoire et des chroniques, et la situation topographique *per magnum campum* dans la *Maxima sequanorum,* telle qu'elle était constituée sous l'empire romain.

Labarum est traduit par saint Grégoire de Naziance (Orat. 1). *fin des travaux,* dérivant de οροσ, terme et de *labor,* travail, parceque, dit Baronius, on le portait à tous les bataillons qui fatiguaient le plus dans la mêlée et aux travaux desquels il mettait fin subitement.

Labarum, selon Court-de-Gebelin et Bergier vient de λαβῶ je prends, et αρφ j'élève, ce qu'on tient élevé. Dàns l'idiôme germanique, le mot *lab* ou *lap,* signifie voile ou tissu, et *bàr* ou *bare* une *hasta,* une lance, dit Ducange. La réunion de ces deux mots formait une expression pittoresque qui donnait une idée exacte de l'étendard décrit par Eusèbe.

Sur un moyen bronze trouvé à Beaufort-du-Jura, bronze de Magnence, se voit le *Labarum* surmontant une couronne portée par deux victoires. On en a découvert à Montagnat, près de Saint-Amour, un petit de Gratien, qui représente cet empereur en habit militaire, tenant le *Labarum* et s'appuyant sur un bouclier.

Au témoignage de Gazzara, on a trouvé en 1833 à Aoste, un diptique consacré à l'empereur Honorius en habit militaire, mais nimbé et la couronne en tête. Sur la première face, il tient de la main gauche une lance et s'appuie de la droite sur un bouclier. Sur la seconde face, il tient de la main droite le *Labarum,* sur lequel on lit : *in nomine XPI vincas semper.* Au lieu de se terminer par un fer acéré, la hampe du *Labarum* est surmontée d'un chrisme inscrit dans un cerele.

NAZARIUS

L'apparition céleste à Constantin a été confessée, même par des payens qui sont demeurés dans l'hellénisme, comme on appelait alors le culte des dieux. L'orateur idolâtre Nazarius, chargé par le sénat romain de prononcer le panégyrique de ce prince, à l'occasion des premières fêtes quinquennales des césars Crispus et Constantin-le-Jeune, en 321, fit ainsi allusion à la manifestation de J.-C, « *Toutes les Gaules ont répété unanimement le prodige.* On a vu dans les

« airs des armées divines, présages de victoire. D'ordinaire le ciel ne laisse pas
« pénétrer ses secrets au regard des mortels. Notre œil est trop grossier, notre
« nature trop imparfaite pour atteindre les substances célestes. Cependant les
« citoyens du ciel se sont laissés voir cette fois 'à la terre. Ils ont attesté la
« gloire du héros, et n'ont disparu *aux yeux de la foule* qu'après avoir rempli
« cette mission. Quel radieux éclat dans leur apparition merveilleuse! Je ne
« sais quel symbole auguste brillait sur leurs boucliers étincelants de lumière.
« Ce qu'ils disaient, tous le comprirent : nous voulons Constantin ! C'est au
« secours de Constantin que nous marchons! Il est donc vrai que la divinité
« a sa politique ; que les habitants du ciel ont des ambitions qui se répercu-
« tent ici-bas ! Ces phalanges descendues des cieux étaient fières de combattre
« pour Constantin. Pour moi, je n'en doute pas, elles étaient sous la direction
« de Constance, le père du héros, divinité tutélaire qui armait le ciel en faveur
« d'un fils bien-aimé. » Nazar. Panég. XV.

SAINT-ARTÉMIUS

Parmi les officiers, à la suite de Constantin, dans l'expédition des Gaules à
Rome, se trouvait Artémius qui servit avec distinction dans les armées et fut
en récompense établi préfet augustal d'Egypte. Julien étant à Antioche, en 363,
pour aller guerroyer contre les Perses, Artémius lui amena les troupes d'Egypte
et de Syrie pour faire cette campagne. Sommé par l'empereur d'abjurer le
christianisme : le Préfet répliqua : « Quant à renier le Christ et à embrasser le
« culte payen, je vous répondrai comme les trois enfants à Nabuchodonosor :
« Sachez, ô prince, que nous n'honorons pas vos dieux, et que nous n'adorons
« pas la statue en or de votre Appollon. Constantin, pour lequel vous témoi-
« gnez tant de mépris, se tourna vers le Christ qui l'appela du haut du ciel,
« lorsque, dans *la guerre difficile de Maxence*, il lui montra l'étendard de la
« croix au milieu du jour, éclatant par dessus le soleil, et qu'il lui annonça la
« victoire en lettres romaines. *Nous-mêmes, présent à cette guerre, nous*
« *avons vu ce signe, et nous avons lu les lettres. Toute l'armée le vit avec*
« *nous,* et il en est dans vos troupes beaucoup de témoins que vous pouvez
« interroger, si vous voulez. Maï Spicil. T. IV. Traduct. de Rohrbacher.

IN HOC VINCES

...... Dans l'arrondissement de Louhans (Saône-et-Loire), à six kilomètres de
cette ville, s'élève, entouré, de vastes praieries, un village de 1,300 âmes,
appelé Sainte-Croix. Un hameau de ce village, qui porte le nom de Labare,
est orné d'une modeste croix de bois que la population a grand soin d'entretenir et de relever, quand elle tombe de vétusté. A cette croix s'attache une dévotion toute particulière.

Un curé érudit du voisinage, M. l'abbé Robin, s'appuyant sur des données
historiques très-remarquables, sur la tradition qui s'est perpétuée dans le pays,
et sur le témoignage des étymologies les plus significatives, a établi dans une

brochure (publiée en 1874 et 1876), que la croix de Labare marque réellement *la place* où se trouvait Constantin, lorsqu'il vit dans les airs briller le signe auguste de la Rédemption. Ce grand prince se rendait alors d'Augustodunum, par une route romaine, dont on voit encore les traces sur les lieux dont nous parlons, en Italie où il devait rencontrer et vaincre le tyran Maxence, à la porte de Rome.

Or dans le château de l'ancienne et respectable famille qui porte elle-même le nom de Sainte-Croix, une jeune femme malgré les tendres soins dont elle était entourée, semblait, il y a quelques semaines, à la veille de mourir. Les médecins ne voyaient plus de remède à la maladie dont elle était atteinte.

L'opuscule dont nous venons de parler lui avait été présenté au moment de de sa publication ; mais elle n'en avait pris qu'une connaissance superficielle.

Au milieu des souffrances qui la retiennent dans l'inactivité, cherchant un moyen de se distraire, *elle parcourt de nouveau ces pages oubliées,* et elle y trouve les éléments d'une conviction profonde, qui s'empare d'elle avec la force d'une sorte d'intuition.

Cependant la maladie fait d'effrayant progrès ; Madame de M... se sent pressée d'offrir à Dieu le sacrifice de sa vie. Mais elle ne peut se résoudre à voir se rompre les liens qui l'attachent à son mari et à ses enfants. Enfin, après une longue lutte, la résolution est prise et la volonté divine acceptée dans toute sa rigueur par la pieuse malade.

Dieu se contente de sa bonne volonté, et lui inspire de demander la santé à la croix de Labare. Madame de M... entreprend une neuvaine ; et, le dernier jour, s'impose la privation de toute boisson, malgré les tourments d'une soif intolérable. Puis, le vendredi, 11 du mois d'août, se fait porter, à demi morte au pied de la croix vénérée. Elle l'embrasse et à peine l'a-t-elle touchée, qu'elle est complètement guérie, à la stupéfaction des assistants. Elle s'agenouille librement et revient à pied au château.

Depuis trois semaines, ce retour subit à la santé ne s'est pas démenti. Tout le pays est dans l'admiration. Madame de M... veut faire frapper et répandre à profusion une médaille sur laquelle sera gravé le Labarum. On parle déjà de construire une église dans laquelle sera renfermée la vieille croix de bois.

Si le caractère prodigieux de la guérison de Madame de M... se confirme, et s'il est donné suite au projet de l'érection du monument (national) attendu depuis quinze siècles, ce point ignoré ne deviendra-t-il pas le centre d'un pélerinage, où aimeront à prier les hommes de cœur qui ont arboré en face de l'impiété moderne l'étendard du salut, vainqueur du paganisme, et qui ont foi dans la réalisation de la devise du Labarum : *In hoc vince.*

Extrait de l'Echo de Fourvières du 2 septembre 1876.

AVIS IMPORTANT

Cette troisième édition de la *Croix lumineuse* n'est que la première partie d'un tout, *Croix lumineuse et Sacré-Cœur*, qui signale les devoirs particulièrement imposés en ce moment aux catholiques français. La brochure du *Sacré-Cœur* se trouve chez l'auteur, à Digna, par Cousance, (Jura). (Prix : 60 cent. Affranchir).

Imp. J Mayet et Cie, à Lons-le-S.